Ímpetu abominable.

ímpetu abominable

Juan Manuel Ramírez Magallón

Published by No, 2024.

ÍMPETU ABOMINABLE

First edition. January 29, 2024.

ISBN: 979-8224652501

Written by Juan Manuel Ramírez Magallón.

Tabla de Contenido

A mis hijos y hermanos

Ímpetu abominable.

Juan Manuel Ramirez Magallón

Dedico mi obra a mis hijos.

Tabla de contenido

Capítulo 1

El ímpetu es el impulso o fuerza desmedida que se aplica sobre un objeto o sujeto, en la mayoría de las acciones, es una actuación sin razonamiento ni medida. Los movimientos por impulso, se dan de manera natural, en los seres irracionales y, de manera irracional, en la mayoría de entes humanos, pero hay actos de violencia de forma premeditada y con dolo, queriendo la conducta y el resultado. Es una conducta propia de un mundo donde no hay orden ni evolución espiritual, donde, gobierna el aspecto material sobre lo esencial o espiritual.

En el planeta se actúa semejante a una pecera, como una caja de opuestos, donde, el devorador anda suelto sin límite ni oposición, libertinaje que amenaza su propia existencia, aun así, vemos el planeta como un pastel sonde, el que tiene la trompa más grande devora con mayor impunidad y acumula masas económicas sin límite ni freno. Es más, pelean por mantener su posición social, confort y económica, hacen la guerra no sólo armada, sino económica, ideológica y política, implementando todo tipo de violencia.

La humanidad disfruta de la guerra, pues ésta se convirtió en una práctica deportiva, política y social de solucionar los problemas; el sentido absurdo es que se confrontan bandos que no son enemigos, lo hacen en representación del amo, dueño del territorio y del dinero. Las élites nunca se enfrentan entre sí, al contrario, son una unidad que aparentan enemistad frente al mundo, pero en realidad son un mecanismo de control, usan las estrategias más maquiavélicas para desorientar a las masas y generar desequilibrio en los entes políticos y economicos de oposición.

Para adentrarnos en nuestra obra, sobre la maldad y violencia de forma gubernamental y particular, queremos señalar que esta obra busca acercar a su lector a la reflexión y a alcanzar emociones encontradas a la violencia; la emisión es parte de los sentimientos y reflexión del autor, no se busca de ninguna manera el activismo ni desatar la xenofobia, ni racismo, mucho menos exaltación, buscamos motivar la fraternidad universal y la resolución de problemas en común, la práctica de valores morales y el uso de la filosofía como forma de profundizar en nuestra realidad global.

Tenemos la violencia como un medio de orden y control desde el origen de la civilización, en la comunidad primitiva se practicaba la comunión de fines, siendo los más básicos de una sociedad, la satisfacción de las necesidades primarias, sin complejidad ni lujo: comer, beber, refugio y seguridad. De estas necesidades se desprenden actividades como la caza, la agricultura, minería, la ganadería, pesca y el hogar en escala micro, así como un sinfín de oficios primitivos.

Derivado de esto, se desprenden muchas más actividades humanas, que tienen como origen la satisfacción de necesidades primarias. No obstante, tenemos una forma de organización compartida, la mujer por su naturaleza y facultad de ser madre, se encarga del hogar y de la agricultura, teniendo esta actividad un giro impresionante en la actualidad. En cambio, el varón se enfocó a las actividades que requieren mayor esfuerzo y por ende su sistema físico ha evolucionado genéticamente, con mayor resistencia a los trabajos más duros.

De la acumulación o excedentes en estas actividades humanas se deprenden los vicios del alma, como lo son: la envidia, la avaricia, discordia, pereza... el humano pelea con su propio hermano y en esta pelea se envuelve en un cobijo de rencor, odio, resentimiento y venganza, de las enfermedades del alma surge la magia y genialidad ficticia: la religión y surgen las divisiones por la raza, el territorio y las identidades primitivas; ya en la actualidad las divisiones es por el patriotismo, la economía, aspectos ideológicos e identidad cultural, que hacen del individuo un férreo opositor entre humanos; a los soldados los mecanizan para matar y luego le premian con grandes honores, pero esto es ficticio. No podemos premiar a nadie que ataque a otro humano, no hay razón para la división y la guerra, por nada del mundo se debe implementar el ímpetu, la violencia en seres racionales no es permitible y no debería ser tolerada. Sólo los animales tienen justificación sobre actos instintivos violentos, los humanos tenemos facultades enormemente superiores al instinto y al aspecto material, contamos con la razón y ella está formada por cualidades, facultades y virtudes, que pueden ser libremente usadas para resolver los conflictos humanos.

Podemos creer que vivimos en una burbuja de ignorancia, porque aún no descubrimos que nuestros vicios no nos permiten evolucionar y ser mejores, bueno ya lo sabemos, pero sabemos que practicar la virtud no es un negocio sino un deber con la humanidad, con nosotros mismos y con el gran creador. No podemos ir actuando con hambre, vicio o error, esos males nos traen retroceso en el género humano.

En la historia encontramos etapas humanas donde su desarrollo no era complejo, sus actividades radicaban en la satisfacción primaria de sus necesidades. Despúes del nomadismo la especie humana se convierte en sedentaria, es cuando fundan los pueblos en las geografías diversas del mundo, surgiendo las características por sus asentamientos; claro, este fenómeno no fue uniforme ni sincronizado en las diferentes manifestaciones culturales y civilizaciones, fue un fenómeno gradual, acompañado de invasiones, ataques, saqueos y actos violentos para robar a los pueblos establecidos, pues el humano es sujeto de las necesidades y las condiciones materiales le determinan, por lo tanto, le generan características fisiológicas y también ideológicas, el espíritu humano está sujeto a las condiciones materiales y los avances espirituales se logran por superar las determinaciones materiales, el ente humano puede ir más allá de lo objetivo, la idea y planeación de su mundo, o sea, construir las condiciones materiales para que lo favorezcan en las situaciones prosperas y adversas.

En el desarrollo material de la humanidad viene paralela la evolución espiritual y en su forma de producción, vienen a relucir defectos y virtudes de organización, esto lo podemos ver a través de la historia. En el modo social de producción, encontramos la lucha de clases y una forma violenta de sometimiento. La fortaleza del hombre ha sido aplicada para someter a los más débiles sin distinción de género, condición física y material, en los modos menos evolucionados y en el último sistema de producción, encontramos esa organización política, donde, el que lleva el poder es el más fuerte, no físicamente, sino en desapego de valores y principios, se apropia del tiempo y espacio del otro, posteriormente delimita su territorio e impone por la fuerza el reconocimiento de la propiedad, implementando la violencia, a quien o quienes desconozcan tal propiedad o adjudicamiento.

La raza humana aún tiene grandes interrogantes que contestar, entre ellas es saber si en realidad somos oriundos de este planeta o venimos como lo menciona más de alguna teoría, que somos producto de otra civilización extraterrestre, se menciona que el mismo marte fue consumido por los humanos y en esa destrucción, no hubo más que ocupar el planeta tierra.

De ser cierto estas teorías, daría explicación a tantas diferencias que hay en las características fisiológicas humanas y a ciertos fenómenos que aún no se esclarecen, como la desaparición de los dinosaurios y el por qué la radiación en el golfo de México, misma que da cabida a la teoría que la destrucción de los dinosaurios fue intencional, con el fin de generar un terreno más hóspito para la especie humana, lo cierto es que, estamos en este planeta y es maravilloso, aunado a la participación universal que representa una maravilla incalculable y misteriosa, como lo es el universo.

En su diversidad de teorías de su origen, la humanidad le da explicaciones muy complejas o muy simples como la creación espontanea o teoría divina, hipótesis que ha quedado obsoleta y sin sentido, en esta suposición los religiosos creen que Dios vino a crear a los seres humanos, formándolo desde un montón de tierra, dándole un soplo de vida, y después, le saca de las costillas a una mujer que la hace su compañera; costó muchas vidas defender una teoría sin fundamentos, nos llevó al oscurantismo y retroceso humano. Hoy en día, las mismas teorías religiosas han variado su decir, señalan que el cosmos fue hecho desde un momento por el creador, pero la humanidad fue evolucionando hasta estar en condiciones de recibir la capacidad de razonar. Como sea el origen de la humanidad, la capacidad de razonar nos distingue y podemos usarla a un nivel evolutivo mayor, regulando nuestro consumo del planeta y combatiendo la acumulación egoísta, generando una distribución justa de los bienes, para esto tenemos que evolucionar en los valores y en la salud emocional, pero sobre todo en los sistemas de distribución. Dejando vicios absurdos de la humanidad que generan retroceso y bolsillos llenos, debemos librarnos de instituciones religiosas y fases de fanatismo desmedido.

Por otro lado, las teorías científicas, aunque también son varias y refutables, algunas absurdas, nos ofrecen una explicación mayormente convincente y deja evidencia de la evolución racional, nos trae un desenlace lógico y filosófico de mayor aceptación, el humano pudo haber evolucionado, partiendo desde ser un micro organismo, hasta ser un sistema complejo de resolución intelectual, vasto en ideas, razón y sentimientos. Que, aunque fuésemos de origen extraterrestre, tuvimos que evolucionar de donde quiera que vengamos. Si los extraterrestres aparecieron y se fusionaron con los humanos, aun así, están sujetos a la evolución o al proceso evolutivo. Es así como el humano viene a posicionarse y poseer el planeta hasta llegar a la realidad actual donde gobernamos el mundo, aunque en base a la desbastación, saqueo, robo, explotación y sobreexplotación de los recursos humanos y materiales, con la finalidad de satisfacer el hambre de millones y la avaricia de unos cuantos.

En el trayecto de la vida humana, del cual, se tiene registro, la violencia tiene precedente histórico desde la vida primitiva y se ha implementado para someter a quien piensa diferente, a quien se opone a los intereses propios o tiene los mismos fines, o se opone a quien tiene el poder; el más fuerte, cuando se ve en riesgo su negocio, comodidad, imperio o mando, lucha por permanecer en su estatus; es cuando, quien tiene el poder, ejerce la violencia para controlar, someter y gobiernan al más débil. El más débil es en realidad el más fuerte, pues las condiciones en la actualidad han cambiado y ya no es la fuerza bruta la que rige la relación humana, sino la fuerza sutil y astuta; para ganar el cargo ya no es utilizada la fuerza como en tiempos de Homero o el imperio romano, es modificada por el más sagaz, sutil, hipócrita, mentiroso y sobre todo manipulador; el más fuerte es el que reúne intereses y garantiza a todos los de su clase el alcance de sus pretensiones e intereses, no importa que sea un imberbe, será el que figure públicamente frente a los gobernados, lo que importa es que sea complaciente y leal a su clase, que al final de todo, los que gobiernan son los que le permiten el cargo y le delegan poder.

Los intereses que se persiguen son impresionantes, pues, el gobernante ve al pueblo como su mercado, al que le venden la creencia de ser generoso proveedor de seguridad, justicia y bienestar; cuando realiza obras de caridad, prácticamente es una sesión de fotos y pide reconocimientos, reverencias y adoración, para lo cual se prestan los medios de comunicación. En realidad, lo que le están haciendo es despojarle de la posibilidad de gobernarse de una manera colectiva, humanitaria y consensual, donde los seres humanos, sean seres autónomos y altamente racionales, para ordenar su ser social y satisfacer sus necesidades, eligiendo la forma social más humana.

La política no es la que se practica profanamente. La política en nuestros días es una forma violenta de imponer la forma de gobierno a un pueblo, sin permitirle modificar dicho modo, es una forma de cuartarle al pueblo la justicia, quitándole la capacidad de organizarse y ordenar las cosas, según el modo como se quiere implementar la relación social o la forma de gobierno.

En teoría, la política sería un medio para alcanzar una justa distribución de los bienes con el fin de satisfacer las necesidades de un pueblo; práctica apegada a la equidad, igualdad, justicia y democracia. Los políticos en cambio, ejercen la violencia al despojar a un pueblo de su soberanía y su derecho de modificar la forma de gobierno. Los políticos se convierten en empresa, que vigila sus intereses, cobra altos impuestos y tributos por los actos humanos: nacer, vivir, producirse, estudiar, trabajar, comerciar, comprar, casarse, morir, etc. Oponerse a esos intereses, es practicar el suicidio, pues tienen todo un aparato de represión y castigo, con una estructura legal e ilegal, con armamento de punta, de no poder controlar la situación desde el gobierno local, existen tratados para intervención de gobiernos extranjeros, donde, no se tendría ningún freno para aplastar con toda manifestación de rebeldía y oposición, por más legitima que esta pudiera ser.

El gobierno ha venido evolucionando a la par con la humanidad, hay gobiernos tiranos extremos y dictaduras democráticas, simulaciones de democracias. Cuando hay una verdadera oposición al sistema en el poder, es cuando surge la macabra defensa, poniendo en práctica toda la maldad. En México hay muchos ejemplos para ilustrar esta idea, uno de ellos es, el movimiento estudiantil de 1968, donde la idea era legitima, justa y necesaria, una lucha en contra de un gobierno tirano y dictador, allí la idea fue aplastada con un cuerpo de granaderos pobres y militares, asesinando de manera indistinta a cualquier persona con apariencia de estudiante. También en las comunidades indígenas se han presentado delitos de lesa humanidad, por pensar diferente y buscar mejores condiciones de vida para sus locatarios son masacrados, tal es el caso de los indígenas en Sonora, Chiapas y otros estados, esto sin profundizar en la masacre por la invasión europea.

En la comunidad primitiva, los humanos convinieron de manera natural su sociedad, esa sociedad que se somete a lineamientos primarios, el identificarse como semejantes y afiliados a los mismos usos y costumbres, unidos con los mismos fines para alcanzar la satisfacción de sus convicciones y necesidades. Cuando un individuo sale del esquema de esos ordenamientos convencionales, es separado de manera violenta de la sociedad y, según la radicalidad de ese ente social, será el castigo o pena para el que se atreve a salir de lo establecido. Por eso, tenemos a pensadores expulsados de los pueblos, personas excluidas por tener ideas diferentes, ellos son marginados, expulsados, torturados, apresados o asesinados, pues, lo diferente no nos gusta a los humanos, siempre y cuando, atente en contra de nuestro confort, orden de cosas o sistema. Siempre somos celosos con lo que tenemos y, rechazamos lo nuevo, lo que identificamos como peligro, opuesto a lo establecido.

Uno de los peores delitos de la humanidad, es expresar ideas diferentes a las establecidas por una sociedad elitista y, el castigo es severo, con fatalidad para el rebelde. Los pensadores reciben violencia por ser seres libres, la libertad desde el estado, es una vociferación de los hipócritas para someter a los creyentes, la libertad desde la filosofía de la práctica, es un ideal y una ocupación de los hombres libres, no olvidemos que la hipocresía es el confort de los viciosos amorales, pues en ella satisfacen su desmedido deseo material. Lo extremo es que, a esos señalados como locos extremistas, inadaptados, años o siglos después, los nombran dioses, héroes, mártires, beneméritos, altísimos y un sinfín de adjetivos calificativos de nobleza.

La humanidad aún sigue sometida a creencias locas y credos infundados, que esclavizan la mente y el cuerpo. En ciertas naciones aún siguen con la aceptación de los reyes, príncipes, papas y rabinos a quienes veneran como dioses. Este retroceso hace de la humanidad, objeto de manipulación y esclavitud, atenta en contra de la libertad y de los principios universales del humano, obstruye la práctica de la justicia y conlleva a vicios desastrosos en la conducta humana. Entre más religiosos, más sectarios y menos espirituales, entre más credos menos ciencia y entre más ciencia mayor evolución cognitiva e intelectual. Consideramos en esta obra que el aspecto religioso está unido a la espiritualidad, pero hay iglesias que no desarrollan la religiosidad sino la demagogia y utilizan discursos estructurados para engañar y manipular masas. Tan es así que, inventan dioses humanos para conglomerar a toda esa multitud en torno a una figura humana con cualidades de dioses, pero en realidad esa humanidad lo que busca es satisfacer la esperanza de lograr un mundo diferente, donde se armonice entre los actores malos y actores buenos que interactúan en esta sociedad, donde la maldad disminuya y los actos bondadosos crezcan. No descartamos el alto número de personas que asisten a las fuentes religiones a lavar la sangre de su hermano derramada por sus propias manos. Cuantos casos de hermanos que asesinan a su propio hermano y no físicamente, sino de manera moral, espiritual y socialmente.

No hay mucha diferencia de la antigua humanidad a la humanidad actual, en los credos se siguen los mismos patrones, en la antigüedad se adoraba a los dioses y demonios, en la actualidad es lo mismo, nuestros demonios nos gobiernan y los dioses siguen siendo abundantes y opuestos en los recipiendarios, no olvidemos que el fanatismo en que ha incurrido la humanidad ha generado violencia y muchas muertes en diversas razas que tienen diferentes credos.

Si la superstición se hace presente en personas con alto grado de intelectualidad, no se diga en los ignorantes, se continúan vicios de credos desde la ignorancia y se nutren en el desarrollo de ideas que nunca fueron discernidas y, por supuesto, pensadas fuera de los credos. Cabe decir que existen intelectuales que crecen sin ideas religiosas profanas y alcanzan una espiritualidad impresionante, pero la mayoría de pensamientos están viciadas de ideologías, prejuicios, credos e intereses económicos y políticos.

La sociedad está dividida por seres creyentes religiosos y racionales laicos, en los creyentes no se puede encontrar mucha ciencia, en los racionales encontramos un credo mucho más profundo que los creyentes, el racionalista es un ser profundamente creyente y hace honor a la facultad que el gran creador le permitió, la capacidad de razonar; el hecho de negar el credo, es sólo una forma de proteger la indagación, para no acabar la búsqueda de una explicación ajustada a sus exigencias.

Los fanáticos no son seres creyentes plenamente, son personas que han asumido como verdad algo sin siquiera detenerse a satisfacer la razón, temen ser seres libres y hacer honra a su deidad. Los credos no son negativos pues ayudan a moderar la conducta de los ignorantes, quienes con facilidad pueden cometer ilícitos por ignorancia, los ignorantes no tienen conciencia, pues, la conciencia es propia de los humanos racionales. Los seres irracionales actúan de forma instintiva y el instinto, es ese impulso por el estímulo físico que activa una parte del cuerpo por falta de satisfacción de una necesidad.

El impulso de muchas civilizaciones fue la fe, una fe ciega, pero ferviente que logró impulsar grandes obras, al grado de hacerlas ver en la actualidad como obras de extraterrestres o divinas. Pero no nos quedemos con la idea de que la humanidad es una civilización amable, no, para erigir templos y pirámides usó la violencia y el sometimiento, no sólo de sus seres semejantes, sino de grandes transportadores como animales y ríos, para lograr el contento de sus dioses. Así ponían la divinidad en primer plano, desatendiendo la relación con su entorno y sus semejantes.

El pensamiento humano puede poner, según su gusto y época, como punto de partida a dios, al humano, a la naturaleza o universo, esto nos ayuda a distinguir las corrientes ideológicas enfocadas en el punto central en que se inspiran: lo divino, el universo o la naturaleza y el humano, hoy en día se enfoca en un aspecto de la humanidad misma, pero no podemos permitir que la fe acabe la indagación y búsqueda de las respuestas a nuestras dudas e interrogantes de mayor importancia.

La violencia queda impresa en las grandes obras de todos los pueblos y en las ruinas de los mismos, no es posible levantar columnas de gigantes sin implementar esclavitud literal y simulada, la última es cuando los señores dueños del hambre y de las voluntades, aparentan un salario para los seres que emplean en esas construcciones que prevalecen muchos años, en realidad la humanidad es víctima de las ambiciones y vicios de los poderosos, son éstos los que ejercen la fuerza y violencia en contra de la sociedad, pues lo hacen construir monumentos monstruosos a cambio de una subvención para mitigar el hambre, les hacen creer que son seres justos al respetar la ley y dar un salario a cambio de la vida humana que se deja en los campos laborales, leyes que ellos mismos hacen, dinero que ellos mismos dan valor y el valor que ellos quieren, a cambio de la vida que ya no se repite más en este mundo.

Así encontramos construcciones en la actualidad, a base de una gratificación según el grado u oficio que practique el empleado en la construcción. Queda el sello de la oscuridad, el despojo, esclavitud, vicios y tabúes humanos en cada monumento y construcción a los dioses y al tributo humano.

Los dueños de los sistemas son una reducida numeración de individuos vanidosos, ególatras, egoístas, avaros y malvados, que no permiten que se infiltre ningún ser externo a esa clase; siendo ellos los que determinan el rumbo de su sistema, comúnmente son los dueños de la economía mundial. Ellos desde esa elite, castigan al género humano con la inmundicia, condenándolo a la barbarie y a vender su vida útil por un salario, sin darle la oportunidad de diseñar otros sistemas justos y de esencia humanitaria.

Los más fuertes en la comunidad primitiva eran los que gozaban el privilegio de tener el mando, aunque en algunas comunidades, la organización política no era de manera tirana y jerárquica patriarcal, se componía de mujeres y hombres quienes formaban un consejo de ancianos, mismos que determinaban el rumbo de su aldea, pueblo o país. Estas formas de gobierno fueron erradicadas para hacer creer al mundo que no existe una mejor forma de gobierno que la dictadura democrática o tirana, así derrotaron al socialismo y lo hicieron ver como disfuncional e inoperable en la actualidad, sin embrago, los sistemas o modos sociales están sujetos al devenir, es esa dialéctica o constante transformación que los hace llegar a su fin, dando luego, cabida a otro sistema o modo de ordenamiento de las cosas.

Podemos defender los sistemas mediante la violencia o guerra, pero el destino final es invariable, terminará en otro sistema donde se levantan los opositores y derrocan a los viejos sistemas, como ejemplo tenemos la sociedad primitiva: fue abolida por la esclavitud, ésta por el feudalismo; desde el momento que las conglomeraciones de humanos fueron mayores y las demandas aumentaron, surgen los explotadores y esclavistas, con la finalidad de satisfacer las ambiciones de seres que buscaron satisfacer su avaricia y poder. Del feudalismo surge el liberalismo, esta forma que libera la invasión de la sociedad de cualquier forma, se trata de un juego donde todos friegan al más débil y le ponen reglas duras al menos fuerte, es decir, el hermano mayor y despiadado, manda al menor y lo limita a sus ordenamientos. Violentando de esta manera a los países pobres y acumulando inmensas cantidades de todo tipo de riquezas.

La violencia en las comunidades primitivas era efectiva, pues un pueblo envidiaba lo ajeno y, la forma de hacerse de lo codiciado era la violencia, robando sus tesoros, sus mujeres, su fuerza de trabajo y, sobre todo, su territorio. Las mercancías que se anhelan adquirir al principio recaían en metales, piedras y tierras, conforme va la humanidad extendiendo su alcance y poderío, va incluyendo nuevos elementos al listado de objetos de valor codiciados. Esa lista continúa modificándose y generando reajustes sociales, pues la producción cambia y sigue sujeta a la mejor retribución. El mundo revoluciona día a día, y sus productos del mercado van actualizándose para obligar al consumidor a demandar innovación constante; la actualización y moda en las mercancías son factores irresistibles para los consumidores, quien no está actualizado no está a la moda, de no estar a la vanguardia, no es una persona agradable y de la alta sociedad; este consumismo conlleva a una sobre explotación de las reservas de recursos renovables y no renovables, aumentando la extracción de metales y de manera colateral, trae las consecuencias más severas, la contaminación y destrucción planetaria.

No obstante, se usa la violencia psicológica para hacer que las personas piensen y actúen como títeres de las órdenes del consumismo, le bombardean por minuto, horas, días, semanas, años y mientras vean el televisor, el internet o escuchen lo que sea, le dan a saber que sus necesidades radican en lo que dicta la innovación tecnológica; generándole necesidades ficticias y ese receptor termina siendo esclavo del consumo y, para pagar esto, tiene que trabajar, cambiar su vida en nueve horas diarias, seis días de la semana de trabajo, para poder satisfacer los modos violentos de consumo, sumando las horas útiles del humano le dejan un día a la semana para vivir, ocho horas diarias de sueño para recuperarse de la jornada, ocho horas para trasladarse del trabajo a su casa y viceversa, en esas ocho horas diarias debe atender su vida privada, familiar y social. Tenemos una sociedad endeudada y un número reducido de ultra millonarios, mientras en el mundo hay hambre extrema, sed, carencia de servicios medicinales y desigualdad, al grado de la denigración y muerte.

El mismo sistema nos enferma, intencionalmente, con el objetivo de ellos mismos vendernos la cura, la enfermedad es una forma de violencia de los poderosos, mismos que tienen la cura y nos la venden a costos elevadísimos, sin importar la condición de la persona y el apego a la vida. Hay quienes dicen que uno mismo es dueño de sus enfermedades porque decidimos de qué enfermarnos; la enfermedad es una riqueza de pocos y desgracia de muchos, pues el impacto que genera una enfermedad en un individuo es impresionante, eso impacta en la sociedad. Los sistemas que implementan el tratamiento de salud no hacen otra cosa que prolongar la desgracia del desafortunado, víctima de sustancias toxicas, de radiación, de alteración genética y sustancias adictivas que hacen de pocos, grandes fortunas y de la sociedad, un campo de lamento y desgracia.

Los modos de producción implementan la violencia; según su ordenamiento de las cosas es el grado de control, para mantener el orden según si ideología, reprimen y violentan a cualquiera que se oponga a lo establecido, pues todo el planeta tiene dueños y las reglas de cómo se vive las dictan los amos. La humanidad es víctima de esa crueldad que caracteriza a las bestias y fieras, no obstante, en la actualidad se ha rebasado y hemos superado la violencia por mucho, con una obscuridad infernal que hasta el mismo mal se asusta, seres perversos, que son capaces de mutilar a seres humanos y, sus restos, los hacen llegar a la misma sociedad y decirle de mensaje, si te opones a mis órdenes y operación te pasará lo mismo, esto se ha naturalizado a tal grado que, hasta cantos se les hacen como si fuesen superhéroes, tal como hacer odas a los virtuosos, cuando en realidad son seres denigrantes y nefastos que lo merecido sería enjuiciamiento y pena máxima, pero estos prestan su servicio al que manda.

Los seres perversos en la realidad de nuestra sociedad son quienes dicta las normas y establecen las conductas; los psicópatas ejercen la acción de la justicia, ellos son los que ordenan y ejecutan las penas, penas que debieran ser merecidas para seres que han dedicado su existencia a inhalar la vida de los demás, pero los dos bandos son lo mismo y, el bando sanguinario termina siendo sólo brazo armado de los dueños de la sociedad. Los intocables sólo dictan quien vive y quien muere, mientras los peones se destruyen entre sí, asustando a la sociedad, de tal manera que, la llevan al pánico, a un terror extremo y a una ausencia de gobierno legítimo. Por eso el mundo actual es el mundo del terrorismo e impunidad donde lo más caro es alcanzar justicia y seguridad.

Capítulo 2

Referente a la interacción de opuestos naturales, no consideramos como violencia o acción negativa a la reacción interactiva de opuestos, sino como una interacción para dar como resultado un producto, nos referimos a los opuestos naturales, que dan como resultado la existencia de algo. En ese transitar de opuestos que generan resultados de transformación y, en sí, un producto. Este choque de elementos contarios es el gen del universo, por lo tanto, no podemos emitir condenas sobre esta interacción de contrarios, pues la acción de oposición es lo que genera la existencia de todo cuanto existe. Muchos nombran Dios a la fuerza creadora y nosotros lo llamamos Gran creador del universo, es algo inalcanzable por nuestra finitud o limitante, esta fuerza es generadora, conservadora, bondadosa y maligna. Cuando decimos oscuridad, estamos incluyendo la posibilidad de la existencia de la luz, el negro se abraza del blanco, mejor dicho, ese trayecto de falta de blanco da negro y la falta de negro da blanco, pero se contienen uno al otro, a falta de luz da obscuridad; otro ejemplo es el frio y el calor, opuestos que dan como resultado una variante en su trayectoria. Pero no existe violencia o transgresión, ésta es propia de la humanidad pues la naturaleza ya está definida, la humanidad tiene la facultad de discernir entre lo deseable e indeseable.

La violencia es propia de la humanidad porque es realizada por seres pensantes y eso la hace ser violencia. Si los actos fuesen realizados por un ser irracional, no sería violencia porque es de manera instintiva. En los seres humanos existe la ética y la moral, codificaciones axiológicas que regulan la conducta del ser racional, un humano no ignora los valores, el hecho de ser insensible a ellos es por la dureza que ha formulado en su sistema central, por la interacción con el mundo. El ser enfermo por el entorno social, trata de ocultar sus valores para dar lugar a la insensibilidad y a lo ordinario, centra su maldad en la afectación, sin ser responsable de sí mismos y sus actos.

En las relaciones humanas siempre hay una lucha, la lucha por el poder y el control, de manera instintiva, luchan por imponer su voluntad, hay poca racionalidad en esa interacción humana, esto se da porque los entes no somos constantemente racionales, sino que estamos en esa evolución, decimos que ya somos racionales, pero esto es falso, estamos en un punto medio entre la racionalidad y el instinto, hacemos actos racionales y gobierna el instinto. El hecho de hacer actos racionales no nos hace ser racionales de manera constante, el hecho de hacer actos instintivos no te hace irracional, o sea, somos del reino animal, pero con una capacidad de raciocinio y, se usa y desusa, a veces actuamos de manera mecánica, instintiva y racional. Los humanos, esa superioridad, la hacemos valer ante nuestros semejantes mediante la transgresión, imponiendo nuestra voluntad, imponiendo un poderío, muchas veces, innecesario y absurdo. De allí derivan las variantes de violencia: verbal, física, económica, política y psicológica. Todas son tan desechables, reprobables y degenerativas que hacen de las relaciones humanas, indeseables, retrogradas y carentes de racionalidad; cuando hay violencia en las personas hay falta de racionalidad y, por ende, carecemos de evolución. La violencia no es aceptada ni por seres dañados y enfermos por la misma violencia.

Así tenemos violencia en todos los sectores de la sociedad; hay violencia como la sexual, que se cataloga entre las conductas más repugnantes de la misma humanidad, pues rompe la voluntad de hacer o no acciones sexuales, consistentes hasta en insinuaciones que afectan los sentimientos de las personas, estas conductas denigran las relaciones humanas. Las agresiones sexuales generan daños físicos, emocionales y psicológicos que desequilibran el libre desenvolvimiento y desarrollo de las personas. La imposición de la homosexualidad en las preferencias sexuales es una forma agresiva contra la heterosexualidad y no es que nos opongamos a la libre practica y preferencia sexual, no. Nos oponemos a esa campaña política y mediática que generan naciones para desequilibrar y romper la identidad de otros países, generando conflictos en el interior de su sociedad. Modifican la jurisprudencia y, por lo tanto, rompen la armonía social y transgreden los derechos de la infancia.

En la transgresión físico sexual no hay mucho que decir, es algo repugnante porque violenta lo más íntimo de la persona, su intimidad, por eso los violadores que agreden a los menores, son agredidos de la misma forma. No olvidemos que hay seres enfermos que su ínstinto ha rebasado su voluntad y hacen daño a los seres más indefensos o construyen las condiciones para generar daño a los seres que satisfacen sus manías e instintos bestiales.

En la agresión física, quien atraca con la fuerza física a otra persona por su género, nación, raza y condición, no sólo está actuando como ser primitivo y retrograda, sino como un ser enfermo y desadaptado social, representando un peligro para nuestro entorno, éste debe ser descontinuado de nuestro entorno social para llevarlo al aislamiento y tratado con profesionalismo en su cuidado mental.

La agresión en contra de los ecosistemas también se considera agresión o violencia en contra de la humanidad y del planeta, pone en riesgo nuestra existencia en general como especie, pues, modificar un sistema ecológico de manera irresponsable, pensando o no, en generar un daño, nos acarrea un resultado negativo en contra de la vida, la salud, la existencia y condiciones de subsistencia ecológica y, por ende, humana. Por eso las grandes empresas deben pagar regalías al entorno social donde explotan o modifican ecosistemas, limitando las ganancias a un porcentaje mínimo pero que les permita seguir con su actividad, pues, muchas actividades son necesarias para el desarrollo y progreso de la humanidad, pero deben estar cuidadosamente reguladas por el peligro que representan para la humanidad y para la vida de diversas especies vegetales y animales.

Con la violencia ideológica se busca imponer corrientes religiosas y políticas para obtención o mantener el poder. Los sistemas tienen sus organismos que vigilan y castigan las diferencias y atentados en contra de su existencia, cuando este sistema se degenera por la existencia de otro, se deroga y se erige un nuevo sistema que repetirá la misma suerte, una lucha interna que le generará la extinción y sucesivamente otros sistemas venideros. Es por eso que se dice que, los sistemas llevan en sí el gen de su propia destrucción. Los sistemas religiosos son una forma de montar un negocio ideológico con algo abstracto y sujeto a fanatismo. Por esa razón los sistemas eclesiales deben ser limitados a la vida privada y no pública, los templos no deben ser parte de la expresión popular a menos que sean templos a la virtud y la instrucción de seres universalmente aceptados por todas las culturas, algo que es casi imposible.

El ímpetu es una manera de obtener lo que por propia voluntad las personas no están dispuestas a ceder, encontramos que el mundo práctico, de manera legítima e ilegítima, la violencia para lograr lo que el otro no está dispuesto a dar por propia voluntad, es así que tenemos la violencia legitima, generada por los legisladores y la ilegitima, como la justicia por propia mano.

La defensa legitima es cuando combatimos violencia ilegitima, por ejemplo, contraponerse a un ataque de un intruso y bajo derecho, o sea, cuando alguien se encuentra violentando tu derecho usando la intromisión a tu espacio, intenta afectarte en un derecho o garantía, no se tiene opción más que la oportunidad de erradicar el peligro mediante el uso de la violencia legitima. Como éste, tenemos muchos ejemplos y es por eso que, el humano debe tener derecho a las condiciones de poder defenderse de cualquier agresión que le ponga en riesgo de perder la vida, su patrimonio, la libertad y la integridad, en sí, poder ofrecer resistencia a todo factor negativo en su contra. Pero los inocentes no pueden hacer justicia porque existe la desigualdad, la corrupción y la participación en el crimen de los mismos que su deber debería ser el protegernos e impartir justicia. Es así como aparecen grandes funcionarios agrediendo con medidas económicas, con participación en delincuencia organizada, afectando la economía de los países y, sobre todo, buscando de manera irracional la satisfacción de sus vicios de avaricia, egoísmo y maldad, son vicios del alma.

Hay sistemas como el cristianismo que se encuentra fraccionado en muchas sectas y dentro de ellas, hay sistemas de choque, paramilitares que se encargan de erradicar peligros y delitos en contra del cristianismo, en otros sistemas políticos y económicos como el religioso, usan la generación de armas y políticas de ataque a cualquier factor que les amenace, es así que encontramos guerras sin sentido por credos y en defensa de la religión, esa religión que actúa como opio sobre sus fanáticos y los hace cometer delitos de lesa humanidad, delitos de estado y delitos religiosos. Encontramos dentro de la religión la violencia de credos, los fanáticos no aceptan que tengamos otro credo y tildan de falso a toda creencia diferente a la de la secta o religión que ellos profesan. Y encontramos en las calles un ejército de predicadores que van pregonando la moralidad a base de la vida de seres imaginarios, que han exaltado a dioses, son persistentes y groseros al tratar de imponer su dios como el verdadero y único. Tan es así que, te condenan si no cedes a sus pretensiones de aceptar su religión y credo como el verdadero. En una ocasión un abuelito se encontraba trabajando y le visitaron un par de hombres bien vestidos, con camisa de manga larga, zapatos boleados y sombrero fino, comenzaron a predicarle sin su consentimiento y él de manera inteligente les invita a ayudar con su labor y estos prefirieron irse, es un claro ejemplo que no buscan predicar de manera social y natural, sabemos que su plan divino no va más allá de la palabra, es sólo discurso, no es un proyecto de fraternidad y unidad del mundo, predican la división y la violencia. De hecho, su método de predicación es una ofensa en contra de otros credos y de los que no creemos en las religiones, pues son insistentes al grado que no admiten un ¡no gracias, no le puedo atender!

En el planeta encontramos esa división de imperios, convenciones y países, estos partidarios, se conglomeran para hacer unidad y actúan en contra de los países que no aceptan someterse a su sistema, tratan de imponer su voluntad económica, ideológica, política, jurídica y social a los países más pobres. Eso hablando a nivel general. Por eso tenemos bloques de naciones que forman imperios y con ello, políticas en tratados, consistentes en imposición de la voluntad del más fuerte sobre el país más débil, trayendo con esto desequilibrio, mientras el más rico vive la abundancia y prosperidad, no se trata de un aspecto divino, sino de imposición de políticas, desarrollo económico, que repercute en la vida social y cultural. Común mente los países más racionalistas son más desarrollados y los países esclavizados en los credos y fanatismo tienen retraso económico, cultural, científico, tecnológico, democrático, etc.

Enfocándonos a la célula de la sociedad, la familia, en ella encontramos a un sistema que también es víctima de la violencia en diversos modos, de esos modos usted sabe mejor que nosotros, sobre la implementación, pues todo mundo habla de las formas de violencia, sometimiento, control y manipulación. Así encontramos la pirámide de poder, el padre, en la mayoría de familias, impone su voluntad sobre la esposa y los hijos; o viceversa, la esposa hace el sometimiento del esposo e hijos y no se logra un acuerdo unilateral de dirección de la familia. Esto no aplica en un hogar de consenso, pero en este mundo no hay muchos ejemplos de matrimonio regidos por la consulta, equidad, igualdad y dialogo. El mismo sistema ha llevado a la necesidad de someter a los padres a un empleo, donde le extraen su fuerza y energía, dejando lo peor para los hijos, el cansancio y el estrés.

Hablando de lo particular a lo general, lo próximo al individuo es la familia y la familia es la célula de la sociedad, en la familia se inician varias conductas de violencia y degenere social, que en lo general se maximizan y se hacen presentes cuando el individuo interactúa con otros individuos, aunque existe una serie de normas de juego, el individuo siempre evade esas normas y, emplea lo que su instinto le dicta, por más prácticas moralistas que aparente ejercer, el resultado de la conducta humana será lo que su instinto le dicte y sus creencias de lo correcto le permitan realizar, muchas veces ni siquiera se detiene a discernir entre el bien y el mal, sólo actúa.

La práctica de la violencia, viene desde el fondo del individuo mismo porque no es educado para vivir en armonía, sino en constante contravención del mundo, nos educan para competir y al competir, estamos contrariando al otro, lo vemos como una amenaza de que obtenga lo que pretendo para mí y eso se aprende en la familia, escuela e iglesia y, en la sociedad con mayor asiduidad.

En la sociedad debe encontrarse consagrada la familia, mediante instituciones que vigilen su sano desarrollo y armonía en su interior, también se debería involucrar a los padres de familia en la formación académica de sus hijos, en la vida pública y no sólo en la vida privada, pues los niños que ven a su padre desarrollar un oficio o profesión tienen un concepto de sus padres con mayor naturalidad y transparencia, viendo el trabajo como forma de solventar sus necesidades. Una de las violencias más crueles y que repercute en la sociedad, es la ausencia de los padres, ésta se da por la necesidad de mantener a los hijos y los gastos corrientes. Pues la familia es descuidada por procurar su subsistencia, mientras los hijos crecen sin orientación, pues los padres viven enfocados en llevar los recursos al hogar y proveer de sustento a su familia. Los padres dan su vida en las fabricas y empleos, mientras los hijos se educan con el internet, la televisión o la calle. En estos medios encontramos lo superfluo y la violencia como modo correcto de vivir y eso modifica la conciencia de los niños. Desarrolla mentalidades perjudiciales para la sociedad.

Capítulo 3

En la vida de las naciones, como forma de establecer el orden y el control, encontramos la constante imposición de la voluntad del poder del país más fuerte, así las democracias se imponen mediante tratados, acuerdos o hasta implementando el terrorismo, los países fuertes establecen la forma de organización política de los países débiles y aquella nación que quiere hacer una autodeterminación, lo aíslan y lo bloquean para que su economía y vida social sea dañada; construyen en su interior un partido opuesto al gobierno actual del país bloqueado, generándole desequilibrio y caos, las potencias económicas apoyan al grupo de oposición interno en el país cercado. Sin discreción, apoyan la oposición política y provocan en el interior del país una situación embarazosa para el gobierno en el poder. La infiltración es muy común, aunado a la traición y el cinismo, así los ordenadores, dueños del dinero van ordenando el mundo en una línea, estableciendo lineamientos y ordenando las cosas a gusto de los poderosos.

Las consecuencias de fomentar la guerra y la violencia en un país "rebelde" es atroz, pues se daña el tejido social, brotan grupos de choque, el saqueo y desorden son prácticas comunes. La finalidad de las guerras es el control territorial, el control alimenticio, la dependencia económica, el endeudamiento, la venta de armas y la destrucción de los enemigos del país pudiente. La guerra es un claro ejemplo de la falta de evolución de la humanidad, el instinto se hace presente en la brutalidad de quienes ordenan la guerra y en quienes ejecutan físicamente las ordenes, en estas prácticas, la degeneración del ser humano es vergonzosa, pues, se convierten en velicas bestias, mentes estratégicas que, su objetivo es destruir, justificados en supuestos patriotismos y principios de lealtad, grandeza, democracia y orden. Otra de las formas es el chantaje, pues, muchos países se encuentran endeudados con los más poderosos, estos últimos, utilizan todos sus recursos y estrategias para manipular la vida interna de los países más débiles. Para el control y operación de estas determinaciones imperialistas, se prestan personas del mismo país oprimido, para figurar como oposición política en los países pobres, estos títeres apátridas, comúnmente se van a instruir a las universidades de los países poderosos para regresar al país de origen y hacer actividad política, patrocinados por los países pudientes, nos encontramos en una forma de ímpetu político que repercute en todos los aspectos de la sociedad, sobre todo, en su estabilidad y pobreza. Pues los pobres son los que alimentan los campos de batalla y la adquisición de todo lo que implica la guerra.

La pobreza no es negocio de los que la viven, es negocio de los poderosos, pues, es una forma de violencia para obtener mano de obra barata, servilismo y garantía de consumo de productos que venden los oferentes poderosos. La pobreza es un muy buen negocio que favorece al control de las naciones, de igual manera la ignorancia, pues un país pobre es un país ignorante, contamos con pocas acepciones. Los países que no tienen desarrollo están invadidos por sectas religiosas como medios de control y monitoreo de sus áctividades, abundan en estos países la compra de armas, el consumo y generación de drogas. Su sociedad se ve marcada en dos clases: la extrema rica, la clase media como sector productor y la clase pobre que vive de dadivas del gobierno, la clase media vive confundida, cree que es rica y su capacidad laboral e ingresos le permite caer en el consumismo, en ese cambiante y dialectico flujo de mercancías que lo atrapan en la constante actualización y consumo. El pobre por su parte, ignorante igual que el de clase media se conforma con la esperanza de un reino divino donde ya no va haber sufrimiento, como el que padece ahora y será el reino prometido desde miles de años.

La humanidad no puede permitir más engaño y violencia de ideologías políticas y sociales que arrebatan la existencia y desmoralizan a un país donde la sociedad está compuesta de diversos seres humanos, semejantes a los pudientes en facultades y capacidades, pues la virtud y la instrucción no es propia de los pudientes, es propiedad de la humanidad.

La alegoría de la paz no existiría sin la guerra, por eso primero se da la conducta reprochable de un ser humano para que dé lugar a un símbolo. Los que pregonan la paz son los que hacen la guerra, pues se dice que es un medio para asegurar la paz. En realidad, se trata de medios utilizados por una sociedad poco evolucionada y realmente carente de principios ético y morales. La humanidad no puede seguir sosteniendo practicas racistas y de políticas mezquinas de una elite, que lo único que busca es permanecer en el poder, aprovechando el degenere social y su falta de organización. Los sistemas tienen un sinfín de estrategas y pensadores que dictan las medidas a implementar en los países extranjeros y en el propio, no obstante, están sujetos al movimiento del mercado. Estos intelectuales, estrategas o políticos, trabajan en satisfacer sus privilegios y asegurar la misión planteada por sus ordenadores. El eje económico es el riel de la bestia que tira el sistema, los que conducen al mundo son insensibles monstruos que van figurando en una escala de acumulación de plusvalía que los hace ser los primeros en las determinaciones del planeta.

Cuando existe controversia entre los dictadores del mundo, es cuando se manifiestan movimientos bélicos y, sobre todo, el castigo por bloqueo económico, boicotean cualquier economía y hacen que el pueblo pague el precio con hambre, enfermedad, sangre y descomposición social. Los señores dueños de la economía tienen un sistema jurídico que hace proyectos de ley para los países, los obligan a incorporar en sus leyes, se incorporan a su bloque y estos países poderosos se dedican a jugar un juego económico, político y legal, juego en el cual, se dictan disposiciones legales para regular las actividades en todo el ámbito social de una nación.

Es mentira que los países se preocupan por la paz, pues compran armas a sus jefes mundiales, o, mejor dicho, los jefes mundiales pagan a los países subordinados con armas para combatir la violencia, el narco y el tráfico ilegal. Si que encontramos una actividad falsa de combate a las drogas, por ejemplo, los países consumen drogas sin medida y esta derrama económica o empleos son fundamentales para emplear a un sector de personas que su nivel académico va desde nula hasta profesionistas especialistas, así como también distinguidos empresarios y funcionarios de primer nivel de gobierno, un claro ejemplo el caso en México donde el secretario de seguridad se ve involucrado con los grandes carteles de la droga, es un claro ejemplo que en los países figuran los líderes criminales en la política, en el ámbito armado y de seguridad. Este personaje de México no es el único, en su historia tenemos varios gobernadores que están vinculados al narco y enriquecimiento ilícito, o sea a actividades fuera de la ley y son castigados cuando se rompe la filiación con la estructura económico-política de un país o continente. Esta violencia es en el nivel de la cima de la pirámide mundial y afecta en el comportamiento de todo individuo, pues no hay un ser humano que no sea producto de su entorno, o sea de las circunstancias y del ser social. Nadie se construye a sí mismo, es el ser social que determina al ser individual, no obstante, hay seres que se oponen a una determinación irracional y sin sentido, donde te condenan de manera mecánica a adoptar una conducta mecanicista y cruel. O sea, no hay opción porque naces en un sistema donde se nace para ser oveja y los lobos te pastorean. Cuando un humano es libre, se sacude toda esa codificación y deja de admitir de manera dogmática un sistema religioso, un sistema político y un sistema económico, que lo que hacen, es cuartar el libre albedrio y establecer una forma de menú para marionetas.

El problema de los humanos es que tenemos muchos aspectos que componen nuestro ser, entre esos aspectos, es la capacidad de raciocinio, donde operan una alta variedad de aspectos que aplican en nuestro sistema central, uno de los más complejos órganos que funciona con verdades y mentiras, pero gobiernan las mentiras, el espejismo, los prejuicios y tabúes. Es así que nuestra conducta se debe no a una resolución intelectual, donde llevamos a juicio situaciones y problemas, sino que actuamos de acuerdo a nuestro instinto e intereses, por más mezquinos que sean. En sí, nuestro interés primario es el satisfacer el hambre y no porque la estemos padeciendo, sino porque tememos vivirla y queremos resolver los alimentos para muchas generaciones nuestras o el egoísmo, ese vicio del superego que hace al hombre ser avaro y acumulador de bienes, adulaciones y honores.

La violencia se genera también en el hogar, pues la organización política y administrativa del hogar es impositiva y patriarca o matriarcal, según sea el caso, donde al niño lo ven como niño siempre, no le enseñan a razonar y sobrevivir sin transgredir a los demás. O sea, seguimos actuando bajo el instinto y no bajo el raciocinio, no es algo condenable, pues estamos en proceso de evolución, cuando el comportamiento del ser menos civilizado, sea el comportamiento de un ser medio intelectual de esta época, diremos que nos alejamos de la ignorancia y la humanidad ha dado un paso evolutivo gigantesco.

La formación religiosa eclesial es para personas débiles y poco evolucionadas pues los humanos sin filiación religiosa a una iglesia son más racionales y, sobre todo, más responsables de sus conductas, siempre y cuando, se encuentren en un proceso de crecimiento intelectual, moral, ético y social, o sea, que estén construyendo un mejor humano en cada momento. Esos humanos ponen como religión la formación ética y moral para gobernar su ser, buscando construir una mejor persona cada día y sus ideales son humanistas. La gente débil ocupa de una institución religiosa que les esté constantemente marcando sus vicios y deberes, aun así, viven en el vicio de violar sus preceptos, porque no están convencidos de lo que profesan y pregonan hipócritamente.

La violencia interreligiosa es de las agresiones humanas más absurdas, no hay un fundamento verdadero para pelear por credos menos entre una sociedad compuesta por seres humanos que se enlazan en un mismo entorno. Mientras los de abajo se pelean, los de arriba festejan con banquetes y manjares, disfrutando de las riquezas más maravillosas acumuladas en palacios, santuarios y castillos. Mientras los soldados luchan hasta la muerte, sus jefes se cuelgan honores, mientras los fanáticos mueren tratando de hacer universal su credo, los altos clericós gozan del confort, mientras los científicos se esfuerzan por mejores teorías e inventos, las elites niegan las aclaraciones y avances científicos que desmienten las teorías obsoletas y credos religiosos.

La mentira es una forma de violencia, pues ocultamos la verdad a las personas y las guiamos a un sendero erróneo, esta práctica se hace costumbre en la sociedad; la falta de apego a la verdad es una forma oscura de presentarse ante la sociedad, también la falsa apariencia hace a un mundo insensible y falto de generosidad, el humano practica la falsedad con mucha naturaleza y vive del qué dirán, luchando constantemente por la aceptación e incorporación a los diversos círculos sociales. La mentira mata más que un arma.

En los países, los gobiernos fomentan la desigualdad y toleran los privilegios, en esta práctica encontramos sectores de la sociedad que están ligados a la estructura gubernamental que tienen o gozan de privilegios en todos los ámbitos del sistema, nos referidos al acceso a la información, la educación, a los servicios de todo tipo, a la calidad de condiciones y muchos ejemplos más. Lo que respecta al acceso a la información es fundamental porque de aquí parte la dinámica económica y de producción en el sistema en que vivimos. El que tiene la información se puede adelantar a establecer negocios y proyectos de alta retrubucion. Es el punto fundamental de los políticos, ellos tienen acceso a las intenciones e inversiones de grandes capitalistas y lucran con sus pretensiones de inversión, por lo que, para otorgar un permiso reciben dadivas de altas cantidades de dinero. Es así como los gobernantes acumulan altas cantidades monetarias, sin detenerse al análisis de discernir perjuicios o beneficios para la sociedad. Comúnmente lo que venden es la mano de obra barata y permisos, sin garantizar los derechos del obrero o trabajador ni el cuidado del medio ambiente.

Se autorizan proyectos maliciosos donde el impacto ecológico y social son desastrosos, lo primero que se destruye es la calidad del aire, suelo y agua. En lo social se afecta el tejido de la vida entorno a la empresa, fabrica o proyecto de producción que sin la supervisión o balance de pros y contras se ha permitido la operación dentro de identidades sociales colmadas de riquezas materiales, culturales y humanas en sí.

El termino de igual para los iguales en ocasiones es justo, pero en su mayoría deja en desventaja a sectores de la sociedad que no tienen la formación ni capacidad de alcanzar los mismos logros que las personas burócratas o protegidos, las cuales alcanzan su bienestar y facilidad de manera patrocinada, a cambio de encumbrar a un ídolo, renunciando a su libertad.

Capítulo 4

En la familia encontramos alegrías, fraternidad, amor, disciplina, prosperidad y un largo etcétera, mejor dicho, en este espacio encontramos una codificación, mucha de las veces con vicios muy marcados, pero lo más importante es la educación que se mama de nuestros padres, una educación autentica, no obstante, también está viciada por los intereses y las necesidades físicas, o sea por el instinto. De la familia recibimos los dolores más elevados, porque son los miembros d ela familia los que lastiman con mayor facilidad, porque no esperamos un perjuicio de los seres más cercanos y muchas veces en la familia encontramos el odio, resentimiento y maldad.

El ser humano no se mueve sin intereses, pueden ser idealistas y altruistas, sin fines de lucro o pueden ser todo lo contrario, un pensamiento en torno de los intereses materiales y lucrativos. En nuestra sociedad necesitamos equilibrio en las tendencias humanas, los intereses materiales deben ser regulados por los intereses espirituales, o sea, anteponer los fines espirituales y moderar el aspecto y tendencia a lo material. En la vida humana podemos encontrar seres que creen valer por lo material y le restan valor a lo espiritual, por eso tenemos una sociedad materialista. Cuando actuamos de acuerdo a lo que hemos construido, a base de los valores humanos, estamos más cerca de tener felicidad y una vida más plena. La construcción de la personalidad humana es constante y sobre todo muy difícil, los valores se tienen que asumir o adoptar, razonar y practicar, no es verdad que se dan por sí mismos, tenemos que darles vida.

Cuando alguien usa los valores para engañar a los demás, es una forma de violentar un entorno y, sobre todo, es una agresión en contra de lo más puro de la humanidad, la dignidad y vida humanitaria. Sin los valores no puede haber evolución y orden, sin valores predomina el caos y la anarquía social, es falso que los ordenadores del mundo se conducen con principios éticos y valores morales, eso es cuestión de personas sin intereses monetarios y de poder. En la operación monetaria, económica y política, los valores se usan como campaña y negocio. O sea, se usa la doble moral, el doble discurso, la publicidad de una acción de bondad para atraer aceptación y clientelismo.

En la sociedad nos encontramos con un mundo de consumismo, donde da igual si nos acabamos el planeta, lo que importa es satisfacer el vicio del consumo, somos como gusanos o plaga en el planeta, devorando todo a nuestro paso, todo lo convertimos en mercancía y creemos que somos esa mercancía, por eso cuando decimos "me rompí un vidrio" nos referimos a que a nuestro coche se le quebró un vidrio y confundimos nuestro ser con el de un objeto.

La sociedad es tan compleja que, tenemos que hacer que cumpla sus obligaciones usando la fuerza, o sea, la violencia, es así que, surgen las prisiones donde al humano lo convierten en un ser llano de valores, hacer al humano que pague sus errores por medio de la violencia es un modo retrograda y sobre todo se trata de un ser sin evolución intelectual y moral, son seres enfermos, en un sistema decadente y falto de sustento moral.

En este sistema se usa la violencia para encumbrar gobiernos y lo mismo para derrocarlos, mientras están en el poder, usan la violencia, la intimidación y corrupción para desviar la voluntad opositora, también usan la diversidad de maquinaria ideológica, religiosa, la distracción mediante los medios de comunicación y la enajenación tecnológica, en el régimen putrefacto; en nuestro país encontramos un claro ejemplo de un partido que duró más de 80 años en el poder y su corrupción cobra factura en nuestros días con toda una sociedad corrupta y un gobierno decadente. Mientras estuvieron en el poder hicieron del cuerno de la abundancia una talega casi vacía, saquearon todas las arcas de los tres niveles de gobierno y endeudaron al país sin haber necesidad. Para eso usaron un ejército de aduladores, corruptos y corruptores, estos agentes criminales iban por las calles regalando tortas a cambio de votos y el pueblo inconsciente cada elección recibía un estimulante y, muerto de hambre todo el periodo de gobierno y después del mismo. Una violencia evidente y desvergonzada donde los mismos eran jueces y partes. Quienes se oponían a esa mafia lo ultimaban o desaparecían. Cabe decir que las mafias eran brazos armados del gobierno y hacían (o hacen) el trabajo sucio para el gobierno, tal es el caso de los jóvenes de Ayotzinapa, Guerrero o puede señalarse infinidad de ejemplos, donde se ven involucrados los cuerpos bélicos y de seguridad con las mafias, cuantos lideres no han fenecido en manos de sicarios al servicio del mismo gobierno.

Ellos mismos se han declarado coludidos con los criminales pues encontramos en la historia a infinidad de gobernadores que eran parte de la delincuencia organizada, también sobresalen secretarios de seguridad y generales que violentaron al pueblo de México y sirvieron a los malos. Caemos en un vacío de estado de derecho y nos destinamos a ser frágiles como una burbuja, nos ponen en estado de indefensión y nadie hace ni dice nada. Esa es una situación clara de violencia humana, donde ya no se cumple el objetivo del estado y queda sin fundamento ni motivo para su existencia, por este motivo son legítimas las defensas del pueblo y sobre todo las luchas de personas altruistas que buscan la existencia de otro mundo, posible y mejor.

El motivo de la violencia actual es el degenere humano, no hay principios y valores, los agentes actúan bajo ignorancia y poseídos por los vicios morales, otros actúan con alevosía, premeditación y ventaja, inspirados en su avaricia y anhelo de lo ajeno, buscan cabalgar el poder para cargar sus bolsillos y radicar en el paraíso fiscal, agrediendo con ello los derechos del pueblo. De hacer conciencia los mexicanos, no habría tanta corrupción y maldad, el país de México es impresionantemente abundante y bueno, pero estamos maldecidos con gobiernos de criminales y sin vergüenzas que cada seis meses nos mienten y cada elección hacemos como que les creemos, bueno las personas dignas no aceptan las canalladas de estos impúdicos y desfachatados caníbales.

La agresión es una enfermedad que se transmite cada día por los medios de comunicación y estos mentirosos violentan a la sociedad con sus falacias. Conllevan a la sociedad a una desinformación y a la ignorancia, le dan peso a la basura y desvían la verdad convirtiéndola en adoctrinamiento de los sectores pobres y clase media. Es una mínima porción de la pirámide del mundo que dispone de todo el resto de la humanidad y utilizan a los medios de comunicación para repetir sus mentiras una y otra vez, hasta que los receptores la creen como verdad.

Un individuo es incapaz de convivir de manera colectiva, porque ya está predeterminado a actuar como individuo y, no tiene nada que regule su conducta para actuar con respeto a sus semejantes y a sí mismo, mucho menos actuar como un ser moralmente lucido.

El centro de la descomposición social está en el modo de producción, si lo modificamos cambien sus individuos, ¿Cómo es ésto? La conciencia de los humanos es determinada por el sistema en que se forma, cuando éste se entrega inconcientemente al mismo modo de producción.

Los seres humanos son los únicos de la especie animal que creen ser algo fuera de la naturaleza y se conceptúan como delegados de los dioses, en realidad es el ser animal que vive en la fantasía de ser supremo. Su capacidad de imaginar, razonar y sentir lo lleva a creer lo que desee, tan es así que redacta historias de comunicación e inspiración con los dioses y condena a los demás a creer falsedades, llamándolas revelación. De estas mentiras se edifican imperios y construyen templos al vicio de la carencia de la verdad, de manera violenta imponen sus dioses y sus credos. Lo venos en la invasión europea donde la raza blanca llega a América, con la espada mochaban las cabezas que se oponían a la biblia que cargaban en la izquierda, espada y biblia fue la violencia en nuestro pueblo ancestral, un pueblo que tenía dioses más justos y creíbles, pero el negocio del monoteísmo falso, los convirtió en esclavos en sus propias tierras.

Dios es violencia para los humanos desde las bocas de impíos que buscan el engaño y la falsedad como negocio, Dios es libertad para los que participan de él en silencio y construyen el amor al prójimo con virtud y principios inquebrantables. Dios es amor cuando lo practicas no cuando lo predicas, a Dios no se le construyen templos, a Dios se le adora en toda su creación, una versión humana de Dios impuesta a otro ser es violencia, es agresión y ofensa, Dios no se predica, Dios es un ente inalcanzable que los humanos no pueden hablar de él, sin embargo nuestro ser de manera innata nos proyecta un ser superior pero nuestra capacidad finita es un obstáculo para alcanzarle en todo su esplendor.

Quienes tocan tu puerta para venderte un libro donde dicen que encontraras a Dios, usan la parte espiritual del ente humano para obtener ganancias monetarias, pues en este planeta hay ovejas y lobos, las ovejas van y alimentan a los lobos. Cuando tengas que abrir tu espíritu a Dios es más efectivo que abraces a tu hermano, beses un árbol, te tires de panza frente a las estrellas, entregues tus inquietudes al viento mediante una canción o meditación.

Desconfía de quien te hable de Dios porque es la forma de violentar tu mente, te adormecen y te enajenan, convirtiéndote en un poseído de mentiras y engaños. Es una forma violenta de arrancar tu libertad y te roban la capacidad de construir un mundo sin vicios humanos.

En los países fanáticos, las guerras tienen un fondo religioso, en los países religiosos, la violencia es mayor porque la intolerancia y vicios los crea su credo, su dios les permite transgredir a los demás seres humanos. En la humanidad no debe haber violencia por credos, los credos es algo sin fundamentos y es un aspecto personalísimo que nadie puede materializar. El credo es una condución de un ser que impuso su creencia a los demás y los hizo construir una iglesia o conglomerado de creyentes, pero en sí ninguna religión tiene nada solido que ofrecer, lo único que las sostiene, son los principios morales, sin ellos quedaría superstición y fanatismo.

Lo complicado de todo esto es el negocio que representa la iglesia para sus líderes, ellos hacen las armas, los mismos las venden a sus fanáticos, conflicto que ellos mismos armaron con agresiones y concluyen en negocio. Sus líderes son amigos, de hecho, comparten el poder y son coparticipes de la esclavitud que han implementado en la humanidad para obtener patrimonio, poder y control universal.

La humanidad no necesita iglesias, necesita principios, y valores, una escala universal de valores que le permita ver con libertad y sin prejuicios a otro humano, no necesitamos bellos discursos de fantasía, donde nos ofrecen una vida entre cantos de ángeles y arcángeles. La fantasía religiosa es para los débiles y para los malvados, las virtudes no son para los animales, son para los humanos, por eso debemos evitar los vicios religiosos.

Por eso debemos promover una codificación laica y moralmente superior a la religión profana, en todos los aspectos y en lugar de templos, se construyan centros al aire libre, de reflexión y discusión filosófica. Debemos dejar los credos en segundo plano, adoptar como religión los principios universales y la práctica de la virtud. No hay espacio para seguir agrediéndonos con credos y ataques psico religiosos, donde los beneficiados son los que nos violentan.

La humanidad tiende a una uniformidad de credo, donde no importaran las razas, el color, ni estado, el credo del futuro será universal, laico y espiritual, sin monumentos ni edificios, mucho menos con ataduras eclesiales o "canónicos legales".

Por salud de todos y para todos, los credos deben ser libres y, sobre todo, racionales, libres de fanatismo y esclavitud espiritual. Cree en lo que quieras, pero razona y haz el bien.

Capítulo 5

En el reino animal, la aparente violencia es una práctica de sobrevivencia, en el reino humano la violencia es un negocio redituable que se cobra con vidas y se paga con migajas, el hecho de pasar ocho horas de tu vida esclavizado dentro de un sistema que te "hace el favor" de contratarte y pagar un salario de hambre, eso es violencia. Es una agresión a la naturaleza del hombre, pues el derecho humano es que tu salario sea digno y te alcance para ofrecer una vida meritoria a tu familia, de tal manera que no se mendigue los derechos y que su integridad sea respetada y valorada. La vida de los humanos vale mucho más que el salario que pagan por mover una máquina, por producir, por generar las mercancías, esta actividad convierte al humano en una mercancía de mano de obra, donde el provechoso se queda con la plusvalía de su trabajo y se convierte en un ser acumulador de vidas, esa es su acumulación, la vida del desafortunado humano que entregó horas, días, años y décadas esclavizado a un horario, a un sistema, a una enfermedad llamada fabrica, empresa, campo, negocio o establecimiento que no retribuyó su mano de obra o fuerza laboral y le robó su vida.

Porque qué más puede significar levantarse a temprana hora, llegar ya tarde a casa, cansado y sin ganas de nada, duermes para recuperarte y de paso no convives con tu familia, generando enfermedades en ti y en tu familia. Muriendo de estrés y cansancio, ya pasados los años, te jubilan, si bien te va y te mandan a morir a tu domicilio, casa que aun debes porque nunca terminaste de pagar. En cambio, el gobernante en un lapso de tres años obtuvo dinero para toda su vida, bienestar para su familia y prestigio social, igual que el empresario que día a día extrae la energía de sus trabajadores o esclavos, los ordeña hasta el tuétano y muchas veces sin ninguna garantía, este ímpetu es una agresión a la humanidad y a la práctica de los valores, porque no es ético ni moral explotar a los demás, cualquier humano haría lo mismo teniendo la oportunidad de hacerlo, o sea , ningún human en condiciones favorables ayuda al otro para que alcance su desarrollo, al contrario hace todo lo necesario para hundirlo porque sabe que hay un ejército de cazadores que envidian, digamos anhelan su lugar.

De esta forma comprobamos que la tendencia humana es una constante oposición y vicio, de manera instintiva actuamos y nos movemos en este mundo de ímpetu y darwinismo social. La evolución humana está en pañales, nos comportamos más como salvajes que como civilizados, es mentira que el humano ha dado pasos agigantados en su conducta y civismo, lo que se ha logrado es con la finalidad de satisfacer el instinto de conservación racial y acumulación de capitales, no con la finalidad de mejorar la calidad de vida de la humanidad.

Mientras tanto, los seres que alcanzan luz, la usan para someter a los que ocupan claridad, los que tienen aire pisan los hombros de los que están hundidos y tienen la desfachatez de alardear su grandeza, cuando en realidad, lo que representan es la carencia humana, la decadencia de valores y la falta de evolución humana. Quien logra desprenderse de la ignorancia y los vicios mediante la sabiduría, alcanza una conceptualización de la realidad con otra dimensión, con cualidades superiores y le da el valor justo a las situaciones y cosas, logrando el equilibro de su ser.

En la práctica de la virtud y por ende, de los principios universales, logra desprender luz y ser dirección de otros, esto si lo dejan ser los malvados, pues sabemos que los virtuosos son objeto de ataque de los viciosos y, lo anhelado, es deshacerse de quien marca la diferencia, pues los pone en evidencia y sus errores quedan expuestos al señalamiento y burla.

La práctica de la virtud no es cosa fácil, se tiene que disciplinar y estudiar la filosofía para lograr una dimensión superior en conocimientos y por lo tanto, sus resoluciones de cualquier situación y acción serán de manera deliberada y sin error. Una sociedad sabia ocuparía un gobierno sabio y astuto, esa es la razón que los gobiernos nos mantienen ignorantes, para que su actividad de control sea más fácil. Desde luego, instruyen a sus sirvientes hasta el límite que les sean útiles y controlables, cuando se rebasa ese límite es cuando se generan rompimientos y persecuciones, destierros, enemistades, intervenciones y exiliados.

La humanidad actúa por impulsos, que, en su mayoría, dan resultados desastrosos, o sea, nos movemos por el instinto, ese resorte que hace al humano perder la razón y actuar en satisfacción de los instintos, entre ellos, el de sobrevivencia, el hambre y la avaricia. Sin detenernos a cobijar nuestros actos con razonamiento, esclarecimiento y sobre todo, apegados de la moral, o sea , buscando hacer el menor daño posible, sabemos que nuestros actos en su mayoría traen aparejado un resultado negativo para alguien, y ese alguien, verá nuestros actos como maldad, pero la verdadera maldad es de manera deliberada realizar actos que lastimen los intereses directos de las personas de manera ilegitima, en este caso podemos realizar actos que estemos en pleno derecho de llévalos a cabo y dan resultados negativos para una o varias personas.

Los moralistas se detendrían a defender y pelear que no se realice un acto que lastime a alguien, pero hay posiciones de legitimidad y derecho. Pero esta mentalidad nos ha generado muchos problemas, y sobre todo, desastres en la naturaleza, porque el humano inventó los derechos, es un juego que es necesario para mantener orden y perdurar la existencia humana y de la naturaleza, los derechos vienen a disminuir la voracidad de los depredadores, que aun con derechos se tragan el mundo, sin ellos arrasarían todo a su paso sin importan nada más que su placer de acumulación monetaria.

La naturaleza es violentada a diario y con ello la existencia humana, porque a diario se lastima la pureza de los vientos, de las aguas, de la tierra y ahora del espacio exterior, la humanidad dentro de su alcance no tiene límites ni llenadera, rebasa siempre lo permitido y va más allá, eso es muy peligroso para la vida humana y de las especies que comparten el mismo planeta. La maldad cada día tiene mayor alcance, me refiero a la mejora en las tecnologías y armamento, ya no es limite la distancia y la seguridad, somos tan vulnerables que grupos criminales agobian a una sociedad y el gobierno no alcanza a dar solución por la misma participación que hay entre estos dos entes, el problema consiste en el origen de uno y del otro, en las funciones de uno y de otro. El gobierno por su parte quiere liquidez y flujo económico, no importa que sea en unos cuantos, pues al final es empleo y los dueños del dinero quieren acción; por su parte, los grupos delictivos buscan satisfacer sus necesidades de dinero y poder, por tal razón se adentran en todos los sectores e instituciones, apoyan las causas políticas partidistas y gobiernos que al final recaudan lo suyo con permisos y acciones monetarias. Las potencias apoyan el combate a la delincuencia y para eso dan mucho metal armamentístico, o sea, no apoyan con cantidades liquidas de dinero, apoyan con armas, esto no es otra cosa que violencia, porque ellos generan la guerra, negocio de los poderosos y desgracia para los pobres.

La alteración del medio ambiente por negocio, también es una agresión para la humanidad y, sobre todo, para la naturaleza, pues hay muchas industrias que contaminan los suelos, el aire y agua, generando un impacto desastroso en el medio ambiente.

En muchos ligares del país, los empresarios de productos selectos del campo, para poder producir frutos de alta calidad y costos, modifican los ciclos del agua, lanzando cohetones y disipando las nubes, calentando las áreas y, sobre todo, evitando fenómenos naturales que nutren los ríos, lagos, manto acuífero, flora y fauna. No sólo es responsabilidad de los que violentan la naturaleza, sino de quienes la toleramos, sean civiles o gobierno. En la agricultura están utilizando químicos que alteran la salud de la humanidad y destruye la naturaleza, dejando estragos por cientos de años, muchos residuos van a los ductos de agua y acaban con todas las especies acuáticas, aunado a la afectación que hace en cadena a la humanidad que tiene contacto con estos residuos peligrosos, esta es otra forma de violencia en contra de la humanidad, pero nadie dice ni hace nada porque representa la muerte. Los dueños de los productos tóxicos y su distribución seguramente tienen mejor relación con el poder político y, por supuesto, con el sistema económico, que nada costaría quitarse el problema con dinero o con plomo.

En una ocasión, una comunidad realizó estudios a sus aguas potables y de sus ríos y descubrió que tenían residuos muy dañinos, fueron y denunciaron y la empresa presentó otro estudio donde el agua era bebible y volvieron a tomar muestras por parte de la comunidad y se encontraron que ningún laboratorio quiso realizar el estudio y certificación aguas contaminadas. La empresa ya había advertido a los dueños de los laboratorios a nivel nacional para que no realizaran ningún estudio sobre las aguas de esa zona y de realizarlos, fuesen favorables a la trasnacional.

Luego estas empresas, utilizan la delincuencia organizada para acallar a los activistas o personas que denuncian las anomalías en su entorno. Es así que, utilizan a sus paramilitares o sicarios para aplastar a quien se oponga en sus intereses. Así encontramos una vida de deslealtad y corrupción, el dinero vale y los valores estorban, no hay lugar para practicar la virtud, sino que se asume el vicio a todo vigor.

Es seguro que nuestras letras tengan consecuencias porque la escritura es limitada y la verdad es escondida. A nadie le gusta que atrofien sus negocios, mucho menos que, los acusen de generar violencia de muchas formas, no solamente en la forma física. Los más doloroso es la violencia política, pues, secuestra la autodeterminación de los pueblos, nos enseñan que la política es regalar en las urnas nuestra posibilidad de organizarnos y hacer verdaderamente una política que cuide los intereses de la comunidad, en donde nos desenvolvemos como sujetos. La política es uno de los negocios donde se vende todo y todo se compra, se promete todo y nada se cumple. La política un sueño guajiro del pueblo que vive los males, perpetrados por los chacales que se tragan al pueblo. No obstante, no negamos que hay otra forma de hacer política y somos incapaces de practicarla porque nos han codificado para ser títeres o marionetas, según el gusto.

Capítulo 6

La violencia sexual consiste en toda acción que afecte a una persona en su identidad y su estabilidad sexual, hay quienes violentan de manera hostil y generan en su víctima un estado anímico deplorable y una vergüenza en sus sentimientos, una carga y afrenta social. L violencia no es solamente por contacto sexual de manera agresiva y sin consentimiento, queremos pensar que esa identidad sexual se da de manera natural y lo no natural es cuestionado, por lo tanto, un ser que es afectado en cualquier aspecto relativo a su identidad sexual, es violentado. En nuestra sociedad tenemos una constante violencia sexual en los medios de comunicación, en la radio, en el internet, en la música, en el cine, en el teatro, en la falsa literatura y en muchos sectores y actividades humanas.

En la televisión usan el aspecto sexual para vender, o sea usan el cuerpo humano como mercancía y transmiten sin importar quienes estén del otro lado de la pantalla, sólo les importa vender y usan las personas como mercancía y objetos de estimulación de ofertas. Los niños comúnmente son los mayormente impresionados por los medios de comunicación y su impresión frente a los actos sexuales les genera desequilibrio en su mente y por lo tanto un daño. Hay canales de televisión o internet que transmiten actos sexuales y sin ninguna responsabilidad. Lo peor de todo que tratan de legitimar o naturalizar actos homosexuales y aunque fueran heterosexuales, no son aceptadas. La transmisión de audio y video se debe regular no por los adultos ni por los niños, sino por una mejor concepción de la sexualidad, con respeto al cuerpo y sus relaciones, del género que sea y de la preferencia que sea, el cuerpo humano es más significativo y merece respeto por ser nuestro contenedor o recipiente.

De la preferencia que sea la persona, el respeto por los demás empieza con la reserva y hacer de la sexualidad algo personalísimo y responsable.

El determinar a una persona o analizarla a que sea de una preferencia sexual que no es, es un delito por violentar el libre desarrollo de la personalidad, es muy común que al niño le violenten diciéndole que es niña o a la niña que es débil y no puede lograr la fuera de un hombre es una agresión común. Ya no digamos de la agresión sexual donde los enfermos abusan de las personas haciendo un daño irreversible en la personalidad y desarrollo de las víctimas.

No podemos hablar de las violaciones de personas enfermas que agreden a inocentes simplemente por tener un trastorno sexual y reproducen conductas indeseables por enfermedad. La explicación que damos de las personas que sufren fijaciones sexuales atípicas es por un trastorno en su personalidad, mismo que no fue tratado con un profesionista y superado, es una conducta irracional, un descontrol menta por fijaciones y daños en la persona. Estas conductas se castigan con prisión, pero debe tratarse con especialistas para lograr conducir al enfermo a una incorporación saludable en la sociedad.

La agresión sexual se usa como un medio para desequilibrar a las naciones que mantienen equilibrio en su sociedad. Uno de los usos agresivos es mediante la repetición y campaña de naturalizar la preferencia sexual diferente a la heterosexual. Estos grupos promotores sirven a políticas extranjeras o buscan el negocio de su lucha para lograr posicionarse en la política o hacer clientelismo homosexual. Los medios de comunicación les dan suma cobertura por el negocio que representan, también la reacción que generan en la sociedad, sea de aceptación o rechazo, generan reigting y es lo único que les importa a los dueños de las televisoras, la venta.

Sin embargo, apoyamos la diversidad de preferencias, siempre y cuando esas prácticas no transgredan derechos de terceros, siendo así no hay ningún problema. Pero estos grupos no son civilizados, por la fuerza buscan imponer su preferencia y hacer que se les dé cobertura en todos los sectores sociales y con igualdad. Es complicado dar una opinión sin herir las susceptibilidades de grupos radicales que defienden o bien el feminismo o el machismo. No podemos avanzar como humanidad sin superar la aceptación de los grupos que promueven los derechos de las personas con preferencias diferentes a la heterosexual, pero no podemos permitir las campañas de sexualización de los niños y niñas de manera equivocada o sea, persuadirlos a aceptar una preferencia no natural o conducida, en los casos de quienes no nacieron siendo una persona en cuerpo equivocado, nos referimos a las personas que fueron desviadas de su libre desarrollo de su personalidad o sexualidad.

Una de las violencias más sutiles del sistema, es la educación equivocada que nos dan a la sociedad de clase media para abajo, una educación llena de técnica, credos y sumisión, a la clase baja nos enseñan a respetar los valores y a la clase elite les enseñan a usar esos valores para someternos y tenernos bajo control. No es cierto que el gobierno está preparado para garantizarnos un futuro cierto, ni tienen la capacidad para asegurar nuestro patrimonio, al contrario, nos encontramos con un gobierno coludido con los malvados y abusadores de la sociedad, de hecho, el gobierno sirve a esa clase que paga los servicios gubernamentales y genera jurisprudencia para garantizar el orden de las cosas según los intereses de los dueños del capital. No estamos en contra del gobierno, nos declaramos respetuosos con la ley y con las instituciones pues creemos que se debe tener gobierno en la sociedad, de lo contrario sería un caos, pues, las sociedades, sin guía y control es desordenada, desobediente y abusiva, actúa bajo instinto y no dirigida según los principios y deberes morales.

Lo que criticamos es que tanto el gobierno como la sociedad son objetos de quienes dirigen el mundo, ellos que sin sensibilidad ven como el planeta sufre cambios desastrosos en su comportamiento frente a la humanidad y esta última como se destruye a sí misma por el afán del beneficio monetario, mientras que los dueños de este privilegio económico maquinan para resolver sus antojos y locuras.

De hecho, la humanidad pierde su vida en cosas superfluas y rechaza las vivencias reales, por ejemplo: preferimos comer entre cientos de comensales que ir a comer debajo de un árbol, al lado de un lago, sobre una roca o incluso en un parque. Vivimos siempre para satisfacer nuestra necesidad de movilidad, de vanidad y acumulación, mientras los que verdaderamente disfrutan la vida andan para todos lados, se arreglan poco, viven con casi nada y disfrutan intensamente la realidad.

El canto de la naturaleza es la melodía más suculenta a los oídos, en ella se escucha el silencio y retumban los múltiples sonidos de la naturaleza, cuando nos civilizamos perdemos la sensibilidad de comportarnos de acuerdo a la naturaleza y menos salvajes, el hombre civilizado piensa que la ley le da el derecho para todo y, sobre todo, el hombre razonable considera su entorno como sagrado y se permite discernir entre el deber ser, entre el capricho y lo verdaderamente necesario.

Por eso deberíamos tener leyes universales y un credo universal donde no se predique a dios, sino que se practiquen los principios y valores, que la diferencia entre los seres humanos realmente sea por sus virtudes y defectos no por sus condiciones, ni credos, mucho menos por su origen, color, raza ni economía. Ésta es una verdadera utopía, no obstante, es justo decir que el querer es poder, el pretender es hacer realidad lo anhelado al menos, tratar de hacerlo realidad. Es así que estamos de acuerdo en que la humanidad no debe ser instruida sino educada y más que alcanzar una mentalidad rebuscada, es concientizarnos de la necesidad de ser razonables y alcanzar el equilibrio en nuestro ser.

La violencia es una práctica intencional y en busca de un beneficio, es un negocio para muchos y la desgracias para muchos más, pues los desafortunados vivimos en esa desgracia que nos depara el sistema, donde la violencia es una práctica humana para someter a la naturaleza o al propio humano.

Así encontramos violencia alimenticia, donde nos alteran el organismo sin temor ni temblor, comemos la alteración química que trae consecuencias desastrosas con el tiempo y también impactos en la condición de salud, dando como resultado enfermedades degenerativas de nuestro organismo y también malformaciones en nuevos humanos.

Encontramos infinidad de alimentos que traen sustancias negativas para el cuerpo humano y es permitida su distribución en los mercados, donde rematan bombardeándonos con mentiras para adquirir esos productos alterados. Para qué ocultan la verdad, la verdad no es oída por oídos sordos y ojos ciegos, la verdad, aunque se la digan al mundo no la entienden y además la mentira es más suculenta y sobre todo creíble, por lo tanto, la verdad no tiene espacio más que en quien la quiere, la busca y la encuentra.

Para contrarrestar la maldad, proponemos un código moral en base a tres entes fundamentales para cualquier identidad racional. La humanidad debe regir su conducta en los deberes que de manera universal debe cumplir. El primer deber está fundado en el deber que tiene el hombre para con el universo, en este deber se debe realizar una serie de actos como libre cumplimiento a dicho precepto, pues el humano es producto del universo y como tal debemos contemplarlo, amarlo, sorprendernos, inspirarnos y sobre todo tener fe en él, una fe libre de fanatismo y lucro, que esa fe no sea motivo de extraerle o modificar a los demás su idea libre ni su dinero. El gran creador o arquitecto del universo es una energía creadora que nos ha generado y demos gracias a él por como haya sido el origen de nuestra existencia, estamos aquí y podemos amar en plenitud, podemos respetar nuestra naturaleza y honrar a nuestro origen o creador. Entonces el primer deber humano es honrar a nuestro creador, amarlo y respetarlo. Pues gracias a la creación tenemos todo para vivir, tan es así que de un puñado de tierra sacamos diversidad de manifestaciones de una naturaleza divina. De la tierra tenemos flores, frutos, sales, minerales, material para construir y todo lo que nuestro cuerpo necesita para alimentarse. La tierra misma tiene todas las energías negativas, positivas y neutras; nuestra madre tierra tiene elementos opuestos entre sí y es origen de energías obscuras y bienes por eso Dios no es un resultado de bondad y toda benevolencia, sino una fuerza inalcanzable que día a día va expandiendo su crecimiento del universo.

Por eso, la moral religiosa terrestre debe quedar en el olvido y surgir nueva cosmovisión más completa y, sobre todo, una cosmovisión científica, que presencie al creador y a su obra, no como un planeta centralizador y la raza humana como la cereza del pastel, sino como una maravillosa creación infinita que nos ha dado la oportunidad de construir un mundo humano a su imagen, con orden y racionalidad.

El segundo deber que tiene el humano es para con su sociedad, debemos hacer todo lo que esté en nuestro alcance y fuerzas para que la sociedad tenga una vida plena en base a los principios universales de libertad, justicia, equidad, igualdad, fraternidad, racionalidad, paz, bienestar y un largo etcétera de principios y valores, debemos sobreponer el respeto a nuestra sociedad porque en ella vivimos y es producto al igual que cada uno de nosotros de una síntesis de información ancestral y la inteligencia divina, por eso debemos honrar a nuestros ancestros, nuestros padres y hermanos, regulando nuestras conductas por el deber que tenemos de amar y respetar a nuestra sociedad porque somos producto de ella y sobre todo aportar mejoras, revolucionando y perfeccionando nuestras relaciones, de una forma más razonable y sobre todo sin malas intenciones en nuestra relación con el ente social.

Un tercer deber moral es para con nosotros mismos, ese deber se debe cumplir porque según nuestra auto visión y respeto es la proyección de nuestra luz ante los demás entes, el deber más delicado es amarnos y respetarnos como entes individuales, rigiendo nuestra conducta con métrica o medida, sin rebasar las esferas de los demás, pues sabemos que somos una monda o esfera que interactúa con el todo y si violentamos nuestra relación con el todo estamos faltando a nuestros deberes morales para con el gran creador y con la sociedad. Entonces el equilibrio se rompe y por tanto las consecuencias vendrían a cobrarnos factura.

Tampoco debemos ser moralistas, nos convertiríamos en inútiles calificadores del mundo y no tenemos el derecho de calificar más que nuestros actos en base a los principios claramente establecidos en nuestra sociedad, no respondemos por actos y conductas ajenas, es nuestra responsabilidad nuestra conducta y si esa conducta transgrede a lo otro, luego la factura vendrá a cobrarse, por tal razón la maldad luego termina mal, tarde que temprano se desvanece y viene a establecerse el orden y el equilibrio, pues el universo funciona con fuerzas que interactúan o luchan entre sí pero con orden y dan como resultado la generación de un producto.

La creación se sigue dando y el universo es dinámico, perece y nace, existe y luego se transforma, prende y se apaga. El tiempo es sólo un cumplimiento de nuestra duración mas no una condicional del universo, esa dimensión es inalcanzable para los seres finitos, el tiempo es una medición de nuestra duración por eso debemos a plenitud esforzarnos por hacer honor a nuestro creador y a nuestra naturaleza, haciendo la generación de energías que alumbren en el caos, en la oscuridad. La oscuridad se combate con amor y sobre todo con esa luz que irradia nuestro espíritu al paso por este mundo, dándole equilibrio a nuestro entorno.

Nuestro templo es nuestro cuerpo, es el tenedor o portador de nuestra esencia, esa chispa divina que tiene que volver a su origen, entonces debemos alimentar nuestro espíritu con buenos pensamientos, nuestra alma con buenos sentimientos y nuestro cuerpo con buenas acciones, nuestro templo ocupa limpieza, la debemos realizar vaciando o volviendo esa suciedad a su origen, sacudimos cada rincón de nuestro interior y volvemos las energías a su espacio, cargamos de aromáticas y equilibradas energías nuestro templo, dando belleza a su interior, fuerza en sus pilares y paz en su interior. La grandeza de nuestro ser no depende de los elogios y lo que construyen los demás en nuestro interior, nuestra grandeza es lo que hayamos construido nosotros mismos de nuestras experiencias y encuentro con lo otro, el otro y con nosotros mismos. Por eso, más que una obligación o imposición, el respeto es una dimensión divina, algo mágico que transforma todo a su paso. El amor es una vivencia magnifica que no alcanza quien no ha construido el recipiente para contenerlo y alimentarlo. La paz no es otra cosa que la ausencia de actos violentos y el respeto por lo debidamente establecido, siempre y cuando esto sea justo para todos.

El celo por nuestra codificación e identidad no es negarse a la existencia de otras formas o modos de dirigir una sociedad, nos referimos al sistema nacional y sus formas y leyes, nos debemos conducir con respeto a nuestra podría, a nuestro país pero que nuestro celo no afecte la armonía con otras naciones, otras patrias y formas o modos, porque los fanáticos sentimientos nacionalistas pueden afectar a otras identidades o terminar con violencia. Por eso la identidad trae como consecuencia que justifiquen la violencia de una raza contra otra, de un pueblo contra otro, de una familia contra otra, de un hermano contra otro. Nuestra postura y defensa de postura es lo que genera una lucha sin sentido en contra de la postura ajena a la nuestra.

Es por eso que regular nuestras fuerzas negativas que viven en el interior de nuestro ser, no es una tarea fácil y de pronto alcance, es una obra de trabajo constante, de construirnos y aprender, muchas veces de desaprender y reconstruirnos, de corregir lo mal construido, pero sobre todo de principios puros como la humildad, respeto, cordialidad, honestidad, perseverancia, justicia y buenas costumbres. Los humanos debemos ser moderados con nuestra conducta, no exagerar en nuestra etiqueta o nuestra conducta, cuando salimos de lo normal incurrimos en lo ridículo, pues debemos saber que entre lo solemne y lo ridículo hay una línea muy delgada y precisa, por tal motivo debemos regular nuestros actos a una moderación. Por eso los exagerados son repugnantes, los hipócritas son combatidos por su falsedad y falta de principios.

Por eso una regla importante es tener cuidado o cuidar de nuestra relación con las personas, hay varios tipos de relaciones, pero podemos enumerar cuatro, la primera es la relación más íntima, o sea nuestros seres queridos de plena confianza, en segunda se encuentran las personas externas a tu familia pero de confianza, tercera las personas extrañas que no hay ninguna confianza y cuatro los conocidos a quienes no tenemos absolutamente ninguna confianza y son indignos de merecerla, con todos ellos nos debemos conducir con moderación y respeto siempre, cuidando nuestra persona, si abrimos el abanico más de lo debido corremos el riesgo de vulnerar nuestro ser, pues los vulgares y repugnantes seres humanos no usan principios de comportamiento regular, sino que actúan de manera instintiva.

Nuestra conducta va a estar regulada por esa clasificación que tenemos de la sociedad, los de primera, segunda, tercera y cuarta clasificación no pueden ser tratados todos de la misma forma, pero hay algo que debe prevalecer siempre, la naturalidad de nuestros actos y el respeto a nuestros deberes, en base a los principios y normas sociales bien definidas como buenos usos y costumbres, siendo amable, civilizado, educado y complaciente a nuestros deberes y a nosotros mismos. La sociedad va modificando su postura día a día pues las mujeres y los hombres van equilibrando sus diferencias y aunque siguen las diferencias de manera desmedida entre hombres y mujeres, la mujer va logrando alcanzar esa presencia social con carácter y firmeza, ya no es vista con esa fragilidad de un cristal, no obstante, el cuidado en su expresión integral de mujer debe ser cuidado por los hombres de buenas costumbres, siempre interponiendo ese respeto moral, con mayor cuidado hacia la mujer, sin embargo debe ser vista como humano no como mujer.

De ninguna manera es justificado o permitido faltar a las normas establecidas por la civilización y de ninguna manera podemos hacer juicios que no nos corresponden referente a otra persona que actúa fuera de nuestro criterio o juicio, sobre todo si son normas morales que no están reguladas por la ley. Por eso los prejuicios deben quedar superados por la razón y la buena voluntad de un ser humano universal, que su única limitante es alcanzar la virtud y la buena instrucción. Debemos ser tolerantes con los defectos de los demás para esperar tolerancia por nuestros defectos, pues nadie es perfecto, sin embargo, intentar la virtud es un paso agigantado de diferencia de quien no es consciente de sus debilidades y defectos, sobre todo de quienes no tienen la intención de perfeccionarse. La tolerancia marca la diferencia entre los brutos y los seres virtuosos.

Un fraterno nuestro señalaba en su charla, que ante tanta violencia que vivimos, debemos abordar ciertas medidas de seguridad, igual que frente al virus del COVIT 19, debemos permanecer en casa en las horas de mayor riesgo, estar limpios siempre y no hacer conglomeración. Frente a la ola mundial de violencia debemos estar limpios de actos criminales, no juntarnos con gente desconocida y dedicarnos en nuestro hogar a los proyectos que generemos.

El deber con nosotros mismos radica en esa atención, respeto y cuidado de nuestro ser. Podemos iniciar con la fase física, comprendiendo nuestro cuerpo y todas sus atenciones, pues nuestro cuerpo es el portador de nuestro espíritu y por eso, debemos amarlo, cuidarlo y atenderlo. Una de esas atenciones es el aseo, es uno de los cuidados que se refleja en nuestro espíritu, pues si amamos nuestro cuerpo, lo bañamos, lo cubrimos con estética regular nuestra estima aumenta y la aceptación social o imagen ante los demás es buena.

El otro aspecto es el espiritual, esta composición humana es muy compleja y, sobre todo, es muy difícil alimentarla pues, la vida actual es en base a la banalidad, a lo superfluo y lo sin sentido, debemos cuidar que entra por nuestros sentidos para que no distorsionen nuestro espíritu. Él ocupa buenas lecturas y buenas amistades, el espíritu se enferma con mucha facilidad y luego se proyecta en emociones enfermas. Por eso cuida con quien te relacionas y lo que lees, no alimentes tu cerebro con tonterías ni entretenimiento insano, mucho menos con vicios que esclavizan al humano.

En las instituciones educativas deben enseñar filosofía para que los neófitos obtengan las bases para practicar la virtud y por consecuencia tener una mejor sociedad. Las instancias educativas deberían incluir clases de buen comportamiento para que los estudiantes aprendan a tener una imagen pulcra ante la sociedad. Debemos mantener la higiene y nuestras vestimentas siempre limpias y presentables.

No pretendemos hacer humanos finos sino aceptables, las finuras rebasan lo solemne y pasa a lo ridículo, nosotros debemos mantener el equilibrio. Ni tanto, tanto que queme al santo, ni tanto, tanto que no lo alumbre, o sea debemos mantener el equilibrio, la solemnidad y lo razonable.

Los humanos no debemos ser víctimas de los vicios, estos son propios de las personas defectuosas y nosotros buscamos la virtud, que ella nos distinga en la sociedad, por lo que la práctica de la virtud se alcanza conforme lo vamos trabajando en nuestro actuar ante la sociedad.

En la sociedad la compostura debe ser utilizada para generar las condiciones de respeto a los vecinos y causar la menos afectación posible, debemos abandonar el morbo y el escrutinio de la vida ajena, de la vida que debemos estar pendientes es de la propia para evitar generar conflictos en la vida ajena. Esto es parte de la educación y de los buenos principios que debemos practicar a diario con la finalidad de hacer una sociedad más digna, educada y sobre todo más humana.

Concluimos nuestro trabajo diciendo que "el respeto al derecho ajeno es la paz" y no sólo eso, es la evolución de la sociedad, pues los derechos propios terminan donde inician los del otro, por tal razón debemos estar en constante medición de nuestro comportamiento y conducta, que nuestros actos estén regulados por la ley y la moral. Pues sabemos que la sombra de la ley la ilumina la moral y la moral nos hace virtuosos.

Capítulo 7

La maldad del género que sea, es una degeneración humana y es corregible por el bien de la humanidad, es cuestión de racionalidad y de sabiduría, la maldad está sujeta a la ignorancia y a la enfermedad. Los seres malvados o son ignorantes, enfermos o las dos cosas, pero no es algo racional de eso estamos seguros, aunque se pueda justificar su naturaleza en el reino humano, pues de manera biológica somos malvados, de manera espiritual somos bondadosos, pero se sobrepone la materia sobre el espíritu, a medida que el humano va creciendo, va sufriendo una metamorfosis, hasta llegar a una transformación fina, donde supera sus vicios y errores, dando a la luz un ser bueno y equilibrado.

La lucha en contra de nuestros demonios no es una cuestión psicológica, moral, natural, racional ni física sino humana, se utilizan un conjunto de principios y aspectos, producto de un ser cultivado y tendente a la perfección, no hay humanos honorables sin que no hayan cruzado por la encrucijada, por la resolución y la ejecución de lo resuelto. Los humanos, dentro de sus facultades mentales, realiza un proceso para definir qué es bueno para sí mismo, para sus semejantes y para el universo; si nos quedamos en el primer paso, definiendo que todo es bueno para sí mismo sin detenerse a pensar si es bueno para el otro o lo otro, incurrimos en egoísmo. Tenemos que hacer un esfuerzo por encontrar lo mejor para todos, entonces podemos decir que hemos dado un enorme paso en la evolución espiritual.

El salvajismo es parte de la naturaleza humana, pero a estas alturas de la historia, los humanos debemos superar conductas retrogradas e instintivas. Por las razones que expresamos en nuestro trabajo podemos decir que la humanidad es de naturaleza animal, pero tenemos la facultad de ser perfectibles según el trabajo en nosotros mismos, ofreciendo a la humanidad una persona de principios; puliendo las asperezas de nuestro ser alcanzamos la virtud y la perfección.

Para todo trabajo en nuestro interior, tenemos que encontrarnos con nosotros mismos y empezar a trabajar en la mejora, superando los vicios de nuestro espíritu, estos vicios se presentan como defectos, como la pereza, la avaricia, el odio, la discordia, etc. Estos vicios los debemos convertir en todo lo opuesto sin perder el equilibrio, este último nos regulará nuestro actual, pues si pasamos de cobarde a temerario no estaríamos superando los vicios, sino que caeríamos en los extremos y éstos también son vicios. Por eso el justo medio es el equilibrio, es el lugar donde las tres energías actúan, pero nuestra posición es en la mediación, cuidando los extremos. Cuando la sociedad esté compuesta de personas libres y equilibradas, es cuando tenemos una sociedad virtuosa y feliz.

Desde hoy iniciamos un camino hacia la perfección, liberando toda atadura que nos obliga a permanecer atados y sin crecimiento humano. Es cuestión de cambiar de mentalidad e iniciar el limado de nuestro ser. No obedezcamos la norma por obligación sino por ser mejores personas, no seamos sumisos sino razonables, no seamos temerarios sino valientes, no busquemos satisfacer nuestro egoísmo sino alimentemos nuestro honor con actos dignos y altruistas. Recordemos que todo es mental, nuestros dolores son mentales, nuestras debilidades son mentales, nosotros mismos inventamos nuestros defectos y nuestras virtudes. Es cuestión de cambiar de canal y hacer el bien a los demás, el amor al prójimo no te hace débil, sino fuerte, porque la debilidad es para los herméticos que no abren su ser a los demás, pues el amor es lo que hace grandes a los humanos y a los débiles los aterra.

Quien no es capaz de cumplir sus deberes para sí mismo, sus deberes para con Dios y sus semejantes, no es capaz de vivir en armonía consigo mismo.

Concluimos diciendo, edúcate para que no haya injusticias y para que no hagas actos ruines, cultívate para ser un humano digno y no para ser un egoísta ególatra. Lucha en contra de tus demonios para que no te hagan actuar por instinto. Haz el bien sin mirar a quien.

Epílogo

La violencia es un acto de retroceso humano, la evolución es contraria al ímpetu, la moral es paralela a la evolución racional humana, no podemos hablar de ser mejores personas si no crecemos moralmente, siendo humanistas y sobre todo practicando la virtud y los valores universales, que hacen al individuo más humano, mejor persona, mejor obra divina y menos animal.

Ímpetu oscuro es una obra de análisis y motivación para el lector, buscando su desarrollo moral despertar su reflexión en el uso de los valores, esta práctica es propia de los seres mayormente evolucionados y desarrollados en su capacidad mental. Buscamos una estimulación general en el lector, que su análisis y críticas sobre la obra no se queden en pequeñeces, sino que, trascienda a la verdadera intención del escritor.

Desde un lugar muy violento de México se comparte este escrito para implorar ya no más violencia en las calles y en los hogares de nuestras familias, no más fomento de la cultura de violencia. Que se busquen vías de pacificación, de solución alterna a los conflictos y no la violencia, no más venta de armas y fábricas de armas por anhelo a las grandes cantidades de dinero.

Que el mundo sea más razonable, que las escuelas enseñen a amar y no a hacer más ventajosos a los humanos. Que el verdadero negocio de la humanidad sea hacer un tesoro en su interior para cosechar cualidades fantásticas como la alegría de vivir, la felicidad y la plenitud de ser un ser humano con integridad y equilibrio. Esta obra no busca encontrarse con seres fanáticos, sino con humanos razonables y apegados al deber ser, que tengan un afán por el estudio de la ciencia más pura, la filosofía y la práctica de la virtud, para generar un mundo justo, libre y feliz.

Sobre el autor

Juan Manuel Ramirez Magallón

Originario de La Naranja, Aquila, Michoacán, es hijo de un joven luchador social que a temprana edad fue asesinado, por ese motivo emigró a Nayarit, luego a Colima donde estudia la licenciatura en filosofía en la Universidad de Colima, luego estudió la licenciatura en Derecho en la Universidad Vizcaya campus Colima, durante su desempeño de profesión fue fundador de la guardia comunal de la comunidad indígena de donde es originario, motivo que lo llevó a complicaciones de privación de la libertad, en estas condiciones surge la idea de escribir prosa en forma libre, escribiendo "Atilan", "Petrol" y "Notas de prisión"; el presente trabajo lo escribió en la ciudad de Villa de Álvarez, inspirado en toda la maldad que percibe en su entorno.

Desde 2018 participo en una institución de estudio de la filosofía y la moral con la finalidad de ser mejor persona, fue en este lugar donde encontró la motivación para depurar vicios físicos y morales, logrando el grado de maestro. Desde entonces cree que: "La virtud es evolución humana, el vicio es retroceso.

Agradecimientos

A mis cuatro hijos, la estimulación de luchar por la vida y tender el camino a las metas.

Al gran creador por la oportunidad de existir en este gran universo y su inspiración en la bondad.

A mis hermanos masones que me han mantenido en la lucha por ser mejor persona.

A las comunidades indígenas que han abierto sus puertas y me han dado la oportunidad de servirles.

Don't miss out!

Visit the website below and you can sign up to receive emails whenever Juan Manuel Ramírez Magallón publishes a new book. There's no charge and no obligation.

https://books2read.com/r/B-A-AFPZ-RPPUC

About the Author

Juan Manuel Ramírez Magallón

Filósofo y abogado escritor independiente de Michoacán México

www.ingramcontent.com/pod-product-compliance
Lightning Source LLC
Chambersburg PA
CBHW051805130726

47987CB00003B/1117